AF263940

193/1808

ÉLOGE

DE

M. PAGÉS

(DE L'ARIÉGE).

BIBLIOTHÈQUE IMPÉRIALE

ÉLOGE

DE

M. PAGÉS

(DE L'ARIÉGE),

Lu en Séance publique, le 12 Mai 1867;

Par M. Charles de RÉMUSAT,

Un des quarante Mainteneurs.

TOULOUSE,

IMPRIMERIE CH. DOULADOURE;

ROUGET FRÈRES ET DELAHAUT, SUCCESSEURS,
Rue Saint-Rome, 39.

1868.

Messieurs,

Nos règles et nos traditions interdisent la politique à notre Académie. Les convenances seules suffiraient pour nous dissuader de troubler ces paisibles réunions du bruit des opinions qui peuvent diviser notre pays, et d'introduire au sein des amis du *Gai savoir* les tristes débats où la vérité même ne se dispense guère de prendre le langage de la passion. Cependant, la littérature politique est devenue une des branches fécondes de la littérature française. Aucune peut-être ne s'est aujourd'hui développée davantage ; aucune n'a peut-être produit plus de fruits qui, pour n'avoir pas été toujours exempts d'amertume, n'ont pas manqué de saveur et de beauté. D'éminents écrivains ont consacré aux questions publiques une bonne part, souvent la meilleure de leur talent.

L'auteur du *Génie du Christianisme* n'a pas donné moins de temps et de pages à la politique qu'à la religion. Comment donc une Académie qui n'est indifférente à aucune partie des lettres françaises, qui, née en quelque sorte avec le génie national, en suit avec sollicitude et sympathie le cours changeant et les mouvements divers, pourrait-elle feindre d'ignorer que de nos jours l'art de penser et d'écrire s'est porté avec complaisance sur les objets de la science sociale, et que les événements et les institutions qui influent sur le sort des peupl s ont, plus que toute autre chose, occupé la plume des gens d'esprit? Vous vous en êtes plus d'une fois souvenus, Messieurs, et vos choix en ont porté témoignage; jamais peut-être avec plus d'éclat que le jour où vous avez ouvert vos portes à l'habile publiciste dont vous me permettez de vous entretenir aujourd'hui.

M. Pagés a été, avant tout, un écrivain politique. C'est du milieu des combats de la presse et de la tribune que vous l'avez appelé parmi vous. Ce serait donc, en prononçant son éloge, méconnaître à la fois son talent et son caractère que de le séparer timidement des opinions qu'il a professées, des luttes auxquelles il a pris part. Il a soutenu noblement une noble cause ; il faut parler de lui comme il a vécu. Mais on peut le louer sans attaquer ses adversaires. Je ne rallumerai pas des discussions éteintes. Je me souviendrai de ce qui est dû au caractère pacifique de cette réunion, à la diversité consciencieuse des opinions que rapproche ici l'amour des lettres, enfin à l'hospitalité qui nous est donnée dans une enceinte où tout conseille la prudence et la discrétion à la parole indépendante.

Je serai bien forcé de dire que, pendant une longue vie, M. Pagés a défendu librement la liberté ; mais je ne l'imiterai que le moins possible, ou plutôt je réglerai ma modération sur la vôtre. J'ai toujours été d'avis que la liberté ne perd rien à être modérée. Si elle l'avait toujours été, elle aurait mieux conservé le droit de ne pas l'être.

JEAN-PIERRE PAGÈS, né à Seix (Ariége) le 9 septembre 1784, fut élevé par son oncle, curé de Portet, auprès duquel il puisa des principes et des sentiments qui ne se sont jamais effacés. Son éducation s'acheva à l'Ecole centrale de Toulouse, une de ces institutions toutes modernes, où régnait l'esprit de la révolution, déjà tempéré par l'expérience. L'intelligent disciple garda toujours quelque chose de ce double enseignement du presbytère et du prytanée. Sa philosophie, une philosophie tolérante, lui laissait une vraie sympathie pour ce que n'enseigne pas la philosophie même. Un jour qu'il avait soutenu à la tribune la liberté des associations religieuses, un de ses collègues, en le louant d'un remarquable discours, lui dit : « Je savais bien que vous aviez du respect pour ces croyances dont vous réclamez l'entière liberté. » — « Plus que du respect, me répondit-il en souriant. »

M. Pagès entra au barreau ; mais dès lors il unit aux travaux de la profession d'avocat le goût des sciences et des lettres. L'archéologie et l'histoire naturelle occupèrent ses loisirs, et nos sociétés savantes lui durent d'intéressants mémoires qui témoignèrent de la variété de ses connaissances. C'est ainsi qu'il se préparait à s'ouvrir les portes de notre Académie des sciences, dont le choix devança le vôtre.

En 1811, il fut nommé procureur impérial à Saint-Girons. Je ne doute pas que le spirituel magistrat n'ait rempli avec autant de conscience que de capacité les devoirs du ministère public ; mais je le soupçonne de ne les avoir jamais beaucoup aimés. C'était un esprit fait pour les idées générales, pour la critique indépendante ; il devait se plaire médiocrement aux détails de la pratique judiciaire, ainsi qu'aux rigueurs obligées de son rôle officiel. En tout, les solennités de convention le faisaient sourire. Aucun état peut-être ne peut se passer de préjugés, et quoiqu'il eût essayé, il aurait été bien difficile à M. Pagés de prendre les préjugés du sien.

La Restauration lui retira son emploi. Ce n'est pas tout : il fut exilé à l'intérieur; sa présence apparemment compromettait la sécurité du département de l'Ariége ! Les vainqueurs politiques ne s'épargnent pas toujours le soin de se faire des ennemis, et le pouvoir néglige rarement d'envoyer des recrues à l'opposition. Il semble ignorer que l'œuvre de l'injustice prédispose à l'amour de la liberté. On s'est étonné à tort que de l'école de l'Empire fût sorti plus d'un défenseur des droits populaires. Sans doute, chez quelques-uns le mécontentement a pu tenir lieu de principes ; ceux-là devaient à leurs intérêts toutes leurs convictions, et n'apportaient à la liberté que les mécomptes de l'ambition et les ressentiments de la défaite. Mais pour les esprits élevés, la chute de l'Empire contenait d'autres leçons. Elle leur enseignait que le pouvoir absolu était, même contre l'étranger, un mauvais défenseur des conquêtes de la Révolution française, et que le sacrifice de la liberté n'était pas un bon moyen de sauver l'indépendance. Car nous avions perdu tout ensemble les droits et les frontières que nous avait laissés la république.

Ces droits, du moins, on les pouvait retrouver sous la monarchie régénérée ; la charte les proclamait, et c'est à les revendiquer, c'est à en propager la connaissance et le sentiment que M. Pagés se reconnut appelé. L'expérience venait de révéler une fois de plus tout ce qu'ont de précaire et d'instable la force et sa fortune. La disgrâce qui le frappait affermissait en lui le mépris des biens que le hasard donne et reprend. Les rigueurs des partis victorieux lui rendaient la justice plus chère et plus sacrée, et leurs excès lui enseignaient la modération.

Il était donc exilé en France et il habitait Angoulème, lorsqu'il acheva l'ouvrage le plus étendu peut-être qui soit sorti de sa plume, ses *Principes généraux du droit politique*. Ce livre annonçait un publiciste plein des idées de son temps, qui pourraient être encore les idées du nôtre.

Ses travaux le mirent en rapport avec ceux qui, à Paris, ambitionnaient alors de diriger l'esprit public. Il y vint sur l'appel de Benjamin Constant, et put ainsi assister et prendre part au grand mouvement d'opinion qui commençait à se manifester.

Les deux premières années de la seconde restauration furent tristement consumées dans une agitation douloureuse et vaine. La France envahie, une occupation étrangère, un gouvernement naissant, des institutions nouvelles, des partis irrités et craintifs, une inexpérience universelle, fruit inévitable de quinze ans d'absolu pouvoir, combien d'éléments de confusion et d'incertitude ! Plus de traditions politiques ; celles de l'ancien régime, de la révolution, de l'Empire, paraissaient également proscrites. La nation troublée cherchait pour ainsi dire sa voie. Ce n'est guère qu'en 1817 que se dessina la double direction qu'elle devait suivre, et que l'on put reconnaître et délimiter le milieu dans lequel allaient osciller pendant trente ans le pouvoir et l'opinion ; une liberté toujours inquiétée, menacée même, mais persistante, commença. Celle qui naît et meurt la première de toutes, la liberté de la presse, sortit du nuage, et sa lumière quelquefois voilée ne semblait plus devoir jamais s'éteindre.

Elle attira de loin M. Pagés, et, à peine à Paris, il prit rang dans cette phalange d'écrivains dont la France ne devait pas oublier les noms. Il entra dans l'arène de la presse politique et se signala bientôt parmi les meilleurs combattants. Il est plus facile de louer son talent que d'en citer les preuves. On aurait peine à compter les feuilles où il déposa sa pensée et qui propagèrent son nom. L'habileté du journaliste, qui n'est certes pas le moindre des dons littéraires, exige l'improvisation et dépend de l'à-propos. Aussi lui est-il rarement accordé de laisser des monuments durables. La verve et la justesse, l'abondance et le mouvement, la force et la mesure, ces qualités si précieuses et si nécessaires, n'assurent point à son œuvre un long avenir. Son succès le plus éclatant est souvent le succès d'un jour. Ce que les circonstances inspirent passe avec elles. Il n'est pas sûr que les *Provinciales* elles-mêmes, si elles n'avaient été le signal de la formation définitive de la prose française, et le premier né des ouvrages accomplis de notre littérature, eussent obtenu leur juste immortalité ; elles ont dû beaucoup à leur date. On croit aujourd'hui que le mystère qui couvre le nom de *Junius* a plus contribué que son éloquence à perpétuer en Angleterre la mémoire de ses implacables lettres. Les *Pensées sur les causes des mécontentements actuels*, ce chef-d'œuvre de Burke, cité souvent comme le modèle des pamphlets politiques, pourraient bien avoir aujourd'hui plus de réputation que de lecteurs. Comment des passions, incessamment changeantes, donneraient-elles aux écrits qu'elles animent une durée qu'elles n'ont pas ! Aussi, quoique la littérature de notre xixᵉ siècle n'ait rien produit de supérieur à la polémique de ses journaux, quand ils ont joui de quelque liberté, en connaît-on mieux les auteurs que le contenu ? Les écrivains sont célèbres, et les écrits oubliés. Cette injustice est peut-être inévitable ; il faut s'y résigner, et payer de ce prix l'honneur d'écrire pour la patrie.

Parmi ces publications qui marquèrent la renaissance de la liberté de la presse, deux recueils ont laissé une réputation presque historique et sont encore cités sans être lus, la *Minerve* et le *Conservateur*. Si l'on en feuilletait aujourd'hui les pages, on s'étonnerait de la vivacité, de la violence de ces débats d'un autre âge. Ce que permettaient alors les institutions et les mœurs paraîtrait invraisemblable. L'invective se montrait peut-être plus hardie dans le *Conservateur*.

L'éloquence de Châteaubriand et de Lamennais s'attribuait des droits illimités. Plus contenue parce qu'elle était plus soupçonnée, l'opposition de la *Minerve* se ménageait davantage. Les ressentiments dont elle était l'organe, avec non moins d'amertume, avaient plus de timidité. Un écrivain d'une incomparable habileté lui enseignait la prudence, sans l'obliger à l'impartialité. Nul n'a su mieux que Benjamin Constant porter la mesure dans l'hostilité, cacher la passion sous l'ironie, manier avec aisance des armes acérées et désoler son ennemi sans l'outrager. Animé sans chaleur, persuasif sans entraînement, offensant sans injure, flexible sans mollesse, toujours naturel et toujours plein d'artifice, il possédait tous les secrets du métier, et dans ce genre de polémique il sera difficilement surpassé. On peut cependant regretter que cette aptitude dominante l'ait arraché aux études et aux méditations plus calmes qui avaient par moments captivé sa jeunesse. La justesse native, l'élévation et l'étendue de son esprit pouvaient le destiner à des œuvres plus achevées, à une plus sérieuse renommée ; mais sa nature était trop au-dessous de son esprit.

Dès que M. Pagès connut Constant, il se prit pour

lui d'un goût vif qui devint bientôt une sincère amitié. Bien des différences les séparaient. M. Pagès était un sage. La simplicité de ses goûts, la régularité de sa vie, une sorte d'austérité sans rudesse et l'amour des vertus modestes, tout contrastait chez lui avec l'existence agitée et hasardeuse d'un homme qui n'avait presque connu ni famille ni patrie. Jeté dès sa jeunesse dans le trouble du grand monde, mobile sans ardeur et passionné sans volonté, Constant, jusque dans les dernières années de sa vie, conservait un insatiable besoin d'émotions qui l'égarait souvent et venait plutôt de l'imagination que de la sensibilité. Mais son esprit, en perdant une partie de sa force, avait gardé beaucoup de sa vivacité, et la séduction de sa conversation était restée toute-puissante. Elle captiva M. Pagès. Il était fait pour s'y plaire. Avec des principes mieux assurés, un caractère plus solide que son brillant interlocuteur, il n'avait guère plus que lui d'illusions sur les hommes et sur les choses. Sans douter de la vérité, il doutait de son empire, et jugeait le monde avec une clairvoyance légèrement moqueuse. Il plut à Constant qui le charma. En pénétrant dans son intimité, il se sentit une sympathie indulgente pour cette nature fine et souffrante, balottée de de la générosité à l'égoïsme, pour cette âme irritable et blasée, avide et incapable de bonheur, pour cette belle intelligence, mécontente et accablée d'elle-même, supérieure dans son déclin à ses œuvres et même à ses pensées. Il aima cet homme qui se croyait méconnu et qui désespérait d'être aimé. Cette amitié a duré autant que la vie de Constant, et répandu quelque douceur sur la tristesse aride de ses derniers jours. Confident de ses travaux et de ses projets littéraires, M. Pagés les a secondés par d'utiles conseils, et prenant soin après lui de sa renommée, il a veillé avec

sollicitude à la publication d'un de ses plus importants écrits.

Mais avant même de devenir son ami, il avait été
son collaborateur. En travaillant avec lui à la *Minerve,*
il apprit dans ses entretiens à connaître ce monde
politique où il allait prendre sa place. Son talent
acheva de se former. Il perfectionna et fixa cette ma-
nière d'écrire, solide et piquante, élégante et ner-
veuse, qui armait sa pensée d'un trait sûr. L'opinion
connut sa valeur et sa voix fut écoutée.

Dès lors, il n'eut que le choix des moyens d'accroî-
tre sa réputation, Son esprit laborieux et fécond se
dispersa dans une foule d'opuscules toujours travail-
lés avec art, et dont le dénombrement deviendrait
fort difficile. Ainsi que la politique, l'histoire, les
finances, la littérature, tout fut abordé par lui avec
un succès égal. Des journaux en crédit, des recueils
importants, parmi lesquels il faut citer l'*Encyclopédie
moderne* et le *Dictionnaire de la conversation,* reçurent
les tributs d'un talent facile et soigné qui se prodiguait
sans s'épuiser.

Mais enfin les événements frayèrent à M. Pagés
l'accès d'une carrière où il était naturellement appelé.
La Révolution de 1830 ne tarda pas à lui ouvrir la
Chambre des députés. Sa cause avait triomphé ; la
victoire avait divisé ses amis. Il se rangea parmi ceux
qu'elle n'avait pas entièrement satisfaits. Son esprit
désabusé, et qui craignait l'illusion, le portait en
général à l'opposition. Son désintéressement, ses
goûts modestes, la lui rendaient facile. Il était plus
fait d'ailleurs pour observer les affaires humaines que
pour les diriger ; il préférait à tout une situation indépendante où il pût dire sa pensée, sans compter
avec le pouvoir ni même avec les partis. Pour la vie
politique, il lui manquait une chose importante :
l'ambition.

Aussi, prit-il dans les assemblées le rôle d'un censeur qui dit la vérité comme il l'entend, sans s'inquiéter de plaire ni même de persuader. Doux et conciliant avec ses collègues, il réservait sa sévérité pour la tribune. Il y portait de franches opinions, écrites d'un style ferme et mordant, toujours écoutées avec une sérieuse attention, et qui peuvent se relire avec autant d'intérêt que de fruit. Son esprit naturellement élevé dédaignait les petites questions; mais sur les grandes, il était presque toujours prêt à faire entendre, dans un langage tour à tour grave et piquant, les remontrances d'une consciencieuse opposition; car il donnait difficilement sa confiance, et trouvait plus sûr de la refuser au pouvoir de peur qu'il n'en abusât. Il avait horreur d'être dupe, et fuyait l'association pour éviter la connivence. Un honnête homme dans l'opposition a quelque peine à se défendre d'un peu de misanthropie politique. Peut-être, M. Pagés n'y échappa-t-il pas toujours. Il n'en est que plus louable d'avoir poursuivi avec plus de fidélité que d'espérance un but qui risquait de rester à jamais l'idéal de sa pensée.

Cette persistance dans une indépendance absolue ne donne pas toujours des succès éclatants. Elle fait peu de bruit, mais elle se crée lentement un trésor d'estime publique et de silencieuse popularité. On le vit bien, lorsque, la République étant survenue un peu inopinément, tous les partis hésitants, inquiets devant un avenir inconnu, tournèrent les yeux ensemble vers M. Pagés, et la voix unanime de nos concitoyens l'appela au hasardeux honneur de représenter son pays dans une Assemblée dont aucune autre n'a surpassé le courage et le patriotisme. Tout le monde, en nommant M. Pagés, était assuré d'élire la sagesse, la justice, l'intégrité, la persévérance, la modération.

Ce moment, si glorieux pour sa modestie, fut la ré-
compense de toute sa vie et comme le couronnement
de sa vieillesse.

Après cette dernière mission honorablement remplie,
il rentra dans la retraite ; il en aimait la paix, la di-
gnité et presque le mystère. Hors qu'un devoir public
l'appelât, il se montrait peu et sortait rarement du
cercle tranquille où le retenaient ses affections et ses
goûts. Les vertus et les plaisirs de la famille, des études
librement suivies, d'intimes et spirituels entretiens,
d'instructifs ou piquants souvenirs remplissaient sa
vie et composaient son bonheur. Quand il sortait de
l'ombre où il aimait à s'envelopper, vous le retrouviez
tout entier, sérieux avec enjouement, naturel avec
finesse, observateur pénétrant et parfois railleur de
la comédie humaine. Il avait un talent qui devient
rare, le talent de la conversation.

En lui ouvrant ses rangs, Messieurs, l'Académie
n'avait pas seulement rendu hommage à l'amour éclairé
des lettres, au talent distingué de l'écrivain ; vous
aviez honoré la pureté du caractère, la solidité des
convictions, soutenues par un noble mépris des ri-
chesses et de l'éclat du monde. M. Pagés était de ces
hommes d'un temps de foi et d'espérance, qui croyaient
leur vie bien employée quand elle était uniquement
consacrée aux généreux principes que notre pays a,
vers la fin du dernier siècle, inaugurés dans le monde.
Cette mâle génération ne se laissait pas décourager
par les vicissitudes des idées, par le spectacle des
révolutions. Plus la France rencontre de traverses et
d'obstacles dans sa grande et aventureuse entreprise,
moins il leur semblait qu'elle dût être abandonnée
sans résistance au caprice des événements. Une nation, au jugement de ces vrais disciples de 89, ré-
pond sur son honneur de ses propres destinées, et ce

n'est pas quand la cause est en péril qu'on en doit déserter la défense. La vérité n'est jamais plus sacrée qu'alors qu'elle est méconnue, et la liberté malheureuse n'en a que plus de droits à la fidélité. Une sagesse moins fière a cherché à prévaloir de nos jours. Nous pouvons déjà pressentir quel succès lui est réservé, et quel souvenir elle est destinée à laisser après elle. Celui de M. Pagés reste cher à tous les gens de bien.

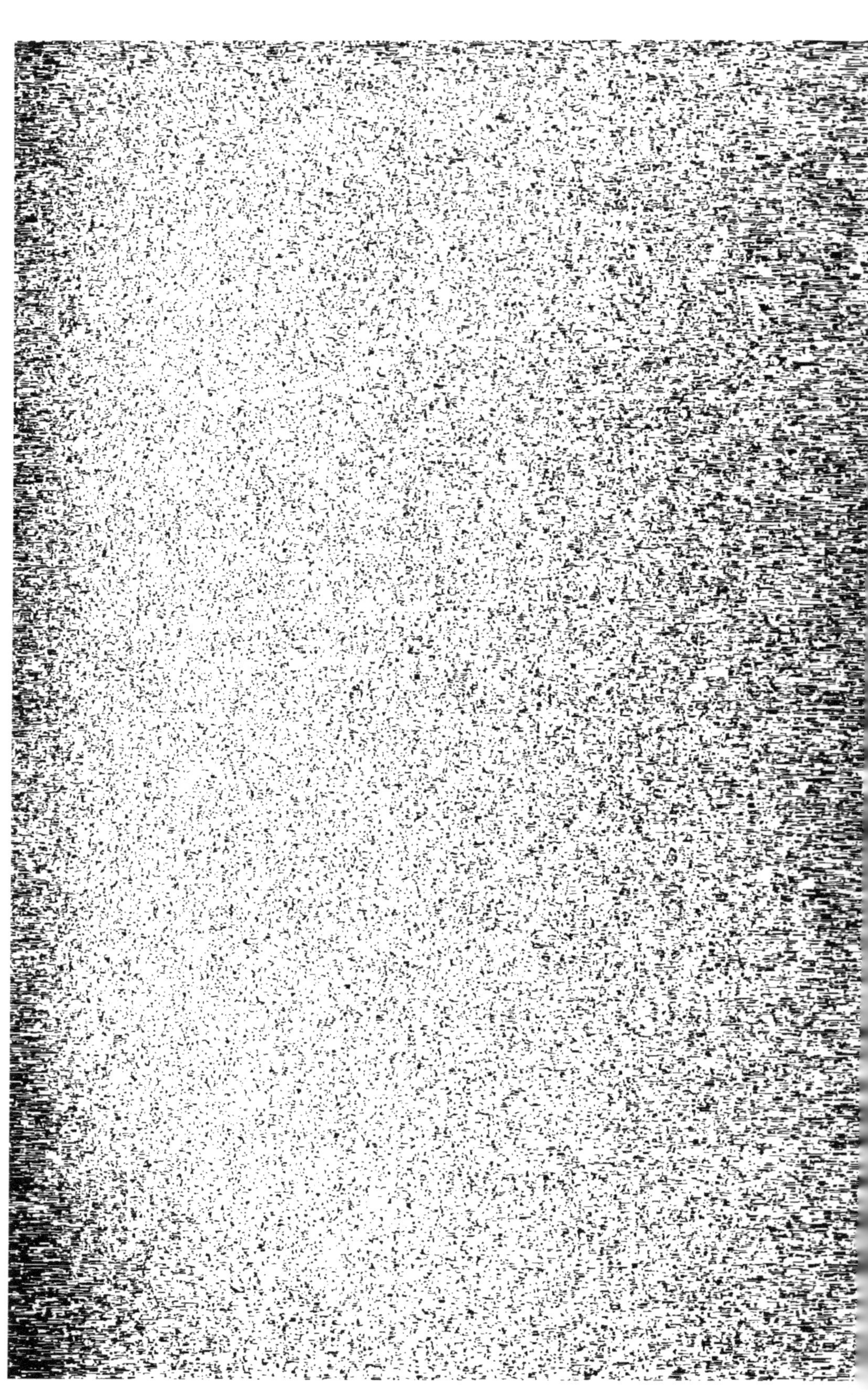

www.ingramcontent.com/pod-product-compliance
Lightning Source LLC
Chambersburg PA
CBHW051219050726

47594CB00007B/3281